herzgeborenes

Was mich angeht – mich drängt es sehr, das
sonst zuinnerst auferlegte Schweigen zu
brechen und Persönlichstes zu sagen,
Herzgeborenes, die Worte der Nähe und der
Liebe; und doch mündet zuletzt alles wieder
ins Schweigen, weil alle Rede zunichte wird
vor der allem Raum ausfüllenden Stimme
dessen, was sich ereignet.

Martin Buber

Desgleichen hilft auch der Geist unserer
Schwachheit auf. Denn wir wissen nicht,
was wir beten sollen, wie sich's gebührt,

sondern der Geist selbst tritt für uns ein
mit unaussprechlichem Seufzen.

Römerbrief 8, 26

Vorwort

In Marilynne Robinsons Roman „Gilead" schreibt der Protagonist – ein alter Gemeindepfarrer – Briefe an seinen Sohn, die diesem nach dem Tod des Vaters auszuhändigen sind. Darin heißt es: *„Für mich ist das Schreiben immer wie Beten gewesen, selbst wenn ich keine Gebete und Fürbitten schrieb, was ich ja oft genug tat. Man hat dabei das Gefühl, bei jemandem zu sein."*

Das wäre schön, wenn dieses Gebetbuch das Gefühl aufkommen ließe, „bei jemandem zu sein". Oft wissen wir nicht, wie wir beten sollen. Der Apostel Paulus empfiehlt trotzdem, es ohne Unterlass zu tun. Beten geht unter die Haut, ist Balsam für die Seele, kann zum Blitzableiter für aufgestaute Wut werden. Davon zeugen die Psalmen Israels. Gebete lösen Gänsehautmomente aus, wenn Außen und Innen, sichtbare und unsichtbare Welten einander berühren. Beten ist mehr als die Ansammlung zugefallener Worte. Es kann auch wortloses Schweigen, verschwebender Zwischenraum sein zwischen Wort und Nicht-Wort. Wohnt dem Gebet nur ein Seufzen, ein „Ach" inne, kann auch dies Ausdruck eines sehnsüchtigen Herzens sein. Gebete sind Notausgänge der Seele, Fluchtwege des Geistes. Sie haben eine eigene Körpersprache, wenn innerste Anliegen im Ausdruck unserer irdenen Gefäße als Herzgeborenes auf Reisen gehen.

In der edition chrismon ist mit diesem Band mein drittes Gebetbuch erschienen. Nach „gott in den ohren liegen" (2014) und „neulich küsste ich gott" (2016) nun „herzgeborenes" (2022). Alle Titel sind Umkreisungen des einen Anliegens: im Beten mystische Resonanzräume zwischen Unendlichkeit – Endlichkeit, Überirdischem – Irdischem, Gott – Mensch wahrzunehmen. Wer betet, hält unglaubliche Begegnungsräume offen für das, wie Martin Buber sagt, „was sich ereignet". Wo sonst könnte der beunruhigte Mensch seinem Schöpfer näherkommen als im Modus des Betens? Beten lässt Hoffnung auftanken, Sorgen ablegen, Ängste lindern: bittend, bettelnd, lobend oder klagend, funkt das Gebet mein Befinden in Richtung unseres Grundes allen Seins. Gott braucht unsere Gebete nicht. Der Mensch ist ihrer bedürftig, um in ihnen zur Ruhe, nach Hause zu kommen. Der Himmel weiß längst, wessen wir bedürfen, bevor wir unser SOS funken. Es ist der gestrandete Mensch, der auf der Insel seiner Einsamkeit dem Schiffbrüchigen ähnelt, wenn dieser seine Anliegen als Flaschenpost ins Meer seiner Ungewissheit wirft und irgendwie auf Antwort hofft.

Beten hat etwas Intimes, wie früher meine Tagebucheintragungen, die Mutter nie lesen sollte. Beten kann schambesetzt sein, auch weil es uns vor Gott nackt dastehen lässt. Nicht wenige erinnert das Beten an eine Kultur aus Kindheitstagen, an Gute-Nacht- oder Tischgebete. In meiner Jugend habe ich als erweckter Charismatiker viel zu laut, wie die „Heiden", geplappert. Je älter ich wurde, umso mehr entdeckte ich das Kämmerlein als angemessenen Rückzugsort, wuchsen mir die Psalmen, die Gebete der Glaubensväter und -mütter, die Mystik in den anderen Religionen ans Herz. Im ökumenischen Kloster von Taizé fand mein Beten eine neue Weise.

Wie jede Lebensgeschichte ihre Eigenarten hat, tragen die vorgelegten Gebete die Eierschalen meines subjektiven Erlebens an sich. Viele wurden für Gottesdienste formuliert. Wenige sind im Kämmerlein meines unruhigen Herzens geboren worden. Erneut verstehe ich ein Gebetbuch als Animationsangebot für eigenes Tun. Wir befinden uns in eigenartigen Zeiten. Unterschiedlichste Nöte haben uns gegenwärtig das Beten gelehrt. Manchmal hilft es, vor allem wenn das Schicksal uns die Sprache verschlagen hat, in den Leihhäusern fremder Gebete Unterschlupf zu finden. Möge das eine oder andere Gebet Sie berühren und Trost spenden in trostlos erscheinenden Zeiten. Bleiben Sie möglichst gesund, zuversichtlich und behütet!

Siegfried Eckert   Frühjahr 2022

erfinden

neu erfinden möchte ich mich
zu unbekannten ufern aufbrechen
heilvolle horizonte entdecken
aus der enge in die weite treten

befreit werden möchte ich
von babylonischen gefangenschaften
von den dämonen der kindheit
von vergifteten beziehungen

loslassen möchte ich
mein besitzstandsdenken
meine lebenslügen
meine umweltzerstörung

versüße gott
meine verbitterung
mit deiner barmherzigkeit
lass mich die hand
an den pflug legen
rückblickend
meine irrwege erkennen
geläutert nach vorne schauen
ins offene

wie sonst könnten
all meine schmerzen
ihre letzte ruhe finden
bei dir

blinde flecken

wir stummen
verstummten
stumm gemachten

von wolken die
vom himmel stürzten
von worten die
wie messer flogen
von engeln die sich
ihre flügel brachen
von herzen die
ausbrannten
von schuldfragen
die ohne antwort blieben

wir angewiesenen
bleiben angewiesen
auf dein himmelserbarmen
wie der weizen im sommer
auf warmen landregen wartet
harren wir auf dein handeln

wasche ab gott
die blinden flecken der schuld
geleite uns gott
ins reich deiner demut
berge uns gott
im gnadenlicht
deines verzeihens

perspektivwechsel

du siehst
meine bedürfnisse und nöte
meinen zorn und unmut
du siehst
das erlittene unrecht
der gestrandeten und geflohenen
der im mittelmeer ertrunkenen
der auf der flucht verdursteten

nur wir schauen weg
beruhigen uns mit ausreden
stehlen uns aus der verantwortung
schenken gerüchteküchen
mehr glauben als den fakten   13

statte uns aus
mit mitfühlenden herzen
mit zupackenden händen
erwecke unsere gewissen
um auf staubigen wegen
klug zu wandeln

schärfe die perspektive
deiner barmherzigkeit
um jeden tag neu
den guten kampf des glaubens
zu kämpfen

wie sonst könnten wir
das gelobte land finden

turmbausegen

der herr segne dich
er schenke dir
das rechte wort
zur rechten zeit

er behüte dich
deine scharfe zunge
und geplanten vorhaben

er lasse sein angesicht
leuchten über dir
seine sonne aufgehen
über deinen guten
wie unguten seiten

er sei dir gnädig
und schenke dir
die wärme seiner güte
für freunde und feinde

der herr erhebe
sein angesicht über dich
überhebe du dich nicht
an deinem hochmut

er gebe dir frieden
deinen eingestürzten turmbauten
ein festen grund für den neuanfang
und deinem willen die einsicht
nie wieder sein zu wollen wie gott

fürsorge

beten heißt
sich werfen
in die arme des vaters
wie marie es tat als man sie
aus dem kindergarten warf
ich sie auffing bevor es
in die grundschule ging

glauben heißt
berge versetzen
im tiefsten tal
kein unglück fürchten
übers wasser gehen
auch wenn es
bis zum halse steht
dem unsichtbaren
trotzdem vertrauen

lieben heißt
frucht bringen
in unfruchtbaren zeiten
trotz zweifels nicht verzweifeln
besser mich
mit allen nöten
in die arme dessen werfen
der mich hält
erhält über den tod hinaus
meine sorgen mit
seiner fürsorge umfängt

erholungsbedürftig

im urlaub lüften wir aus
herzen und hirne
tauchen wir hinab
ins meer zweckloser
gedankenverlorenheit

stranden wir wohlverdient
im weiten land freier zeit
an zurückgelassenen ufern
warten verdrängte sorgen

bis am letzten tag
alle unschuld endet
zurückgelassene welten
mit wucht vor der tür stehen
erneut den schlaf rauben

trotz gebräunter haut
wochenlanger unterbrechung
bleibe ich reif für die insel

erbarme dich gott
meiner erholungsbedürftigkeit
meiner verlorenen zeit
meiner schlaflosigkeit

und buche mir
einen platz an der sonne
an dem meine seele
nachhaltiger baumeln kann

verbeult

der ewige segne
was ungewiss vor dir liegt
er schenke dir frieden
mit dem was hinter dir liegt

er lasse verheilen
deine offenen wunden
er spende dir seinen
gnadensanften geist

der barmherzige begleiche
deine offenen rechnungen
mit dem salböl seiner vergebung

die güte des heiligen geistes
entzünde dein ausgebranntes herz

christus schärfe
deinen getrübten blick
rückblickend lasse er dich
den roten faden seiner liebe erkennen

die sonne der gerechtigkeit
gehe auf über deinen durchweinten nächten
das rettende ufer der ewigkeit rücke dir
jeden tag ein stück näher

es umarme dich die gewissheit
dass dein verbeultes leben
unter gottes reichem segen steht

leerlauf

himmlischer wegweiser
schicke mir einen engel

der mich wissen lässt
wo es in schwerer zeit langgeht
für mich und meine lieben

beende die unsicherheit
meines ewigen fragens
meines ständigen suchens
meines fortwährenden
versuchtwerdens

du
weltenlenkerin
weltenerschafferin
weltenüberwinderin

schenke mir
spätestens im rückspiegel meines lebens
einen hinweis ob
meine wege und umwege
zieführend waren

pflanze ins herz
mir das zittern der kompassnadel
einen hauch von orientierung
damit meine nächsten schritte
nicht ins leere laufen

richtung

du kommst
und heilst
die geheimen wunden
unseres herzens

du gehst mit
begleitest uns
über das wasser
blauer seen

du brichst auf
zeigst uns
die richtung
zu neuen ufern

du
immanuel
gott mit uns

dankbarkeit

dankbarkeit ist
das große glück
der kleinen leute

wahrhaben

der balken im eigenen auge
ließ mich blind werden
fixierte mich auf die splitter
in den augen der anderen

mit vorliebe schob ich
ihnen die schuld in die schuhe
litt an wahrnehmungsverzerrung
war geschlagen mit irrsinn und verstockung

schenke mir gott
ein weiches herz
einen gnädigen blick
einen freien geist

erlöse mich von
meinen absolutheitsansprüchen
meiner rechthaberei
meinen glaubenssätzen

vergib mir meine schuld
wie ich denen vergeben will
die an mir schuldig
geworden sind

auch wenn das
schwerer fällt
als ich es
wahrhaben will

wortweisung

wir brauchen
worte
ewigen lebens

worte
die unsere landkarten
mit ortsnamen versehen

worte
die es erlauben
die richtige richtungen
herauszulesen

ohne worte
wären wir
orientierungslose

ohne heilige bücher
gäbe es kein heil

das auge mag
wege sehen

doch nur worte
können
sie uns
weisen

anbetung

ich bete an
die macht des meeres
die güldne sonne
die fröhlich über wogen tanzt
mit ihrem funkeln
unzählige diamanten verstreut

ich bete an
die unendliche weite
des blauen blicks
den horizont der sich
im nirgendwo verliert
als feingezogener strich
himmel und erde küsst

ich bete an
die unerschöpfliche kraft
von ebbe und flut
das ewige hin und her
von toben und schweigen
von wellen und wind

ich bete an
die geheimnisse unter der oberfläche
schwebende wesen in schwarzen sphären
gefallene engel in fernen welten
zu schön
um wahr zu sein

predigt

es ist
an der zeit
das hören neu
zu lernen

weil der glaube
aus der predigt kommt
dem gesprochenen wort

das selbstgespräch
die selbstbeschäftigung
die selbstbezogenheit
reichen nicht aus

wer nur aus sich
selbst schöpft
erschöpft sich
wird irgendwann
zum toten meer
versalzt und versandet

fehlt der abfluss
geht das leben unter
stirbt der mensch
ganz für sich allein

reisesegen

du bist
ein geschenk des himmels
wenn du aufbrichst
und in den urlaub fährst
lass den ärger
der letzten monate zurück

du bist
ein geschenk des himmels
wenn du in ferne länder fährst
erfreue dich an
der vielfalt der kulturen

du bist
ein geschenk des himmels
wenn du in die berge gehst
oder am meer stehst
danke gott für seine schöpfung
und bewahre sie

du bist
ein geschenk des himmels
wohin auch immer
deine wege dich führen
gottes engel mögen dich
behüten

und unserem wiedersehen
wahre freude und
seinen frieden schenken

berührbarkeit

der grad
unserer berührbarkeit

hängt
eng zusammen
mit unserer liebesfähigkeit

glaube
liebe
hoffnung
diese drei

aber
die berührbarkeit
ist die größte
unter ihnen

worms

ich
stehe
hier

und

sehe
dass
anders

apokalypse

himmlischer hüter
hörende herzen für die stummen
aufmerksame blicke für die gefallenen
mitgefühl in gefühlskalten zeiten
täten not

was aus dem lot geraten ist
rücke zurecht
gespaltene gesellschaften
füge zusammen
unsere gewissen rüste aus
mit gesundem rechtsempfinden
wehre dem ungesunden populismus

nicht geld oder leitkulturen
sondern ströme des rechts
gieße aus über alle völker

du hältst deine arme offen
für verlorene söhne und töchter
lass uns offen sein für jedes gotteskind
das unsere hilfe braucht

vom abglanz deiner gerechtigkeit
bringe einige pferdestärken
auf unsere straßen
denn nur zwischen
den leitplanken deiner gebote
werden wir auswege finden
aus der drohenden apokalypse

heimholung

christus öffne in mir
was deinen geist gefangen hält
stärke mein zutrauen in deine macht

wo du bist ist der himmel

mein enges herz schneide sich
von der weite deiner liebe
eine scheibe ab

dein wort weise mir
einen neuen weg über
alte grabenkämpfe hinweg

heimgegangen bist du
gekommen ist deine kirche
mit ecken und kanten

vergib ihr
wo vergebung not tut
verändere sie
wo veränderung notwendig ist

meilenweit ist sie von
deinem reich entfernt

hole mich heim
wenn die zeit reif ist
mir die last meines leibes
unerträglich wird

fügen

wir müssen tun
was zu tun ist

nicht im ich
im wir liegt
die lösung

wir dürfen nicht
nur hände falten
den lieben gott
einen guten mann
sein lassen

in gemeinsamer verantwortung
liegt die antwort

wir haben zu tun
nichts zu unterlassen
was möglich ist

und uns
zu fügen
weil das wesentliche
geschieht

mit der zeit
wird sich
alles fügen
hoffentlich
zum guten

vergangenheit

wir nehmen uns
immer mit

die wunden
die uns geschlagen wurden
die narben
die wir einander zufügten

die küsse die
wir geküsst haben
die lügen die
zu kurze beine hatten

alles ist eingraviert
auf den festplatten
unserer seelen

alles rumort weiter
im bauchgefühl
unseres unbehagens

nur einer vermag
was war und
was ist
zu löschen

nur einer vermag
meine vergangenheit
im meer seiner vergebung
zu versenken

wolleweich

der ewig treue
behüte dich

er erlasse dir
die qual des mangels
er führe deine trampelpfade
auf saftige auen

der erhabene ermuntere
deine erschöpfte seele

er zeige dir den rechten weg
aus finsteren tälern
unerträgliches unglück
halte er von dir fern

der hirte salbe
dein haupt mit öl
und schalom

im angesicht
von freunden
und feinden
umgarne er
deine seele mit
wolleweichem segen

von nun an
bis in alle ewigkeit

eingeständnis

still leben
wäre schön

ruhe geben
und ruhe haben
täte gut

mund halten
und hören können
täte not

dem verrat
ein ende machen
wäre dran

doch
das gelingt nicht
nicht immer

nur wir
gestehen uns
das selten ein

deshalb ist
unser eingeständnis
gefragt

unsere bitte
um vergebung
notwendig

nach hause

der herr lasse
dein lob nie verklingen
er gewähre dir
viele gute gründe
der dankbarkeit

seine liebe reiche von der erde
bis zum mond und zurück
unbezahlbar ist sie
unzählbar ist sie
wie die sterne am himmel
wie der sand am meer

gnädig sei dir gott
er geleite dich auf dornigen wegen
die zur vergebung
und umkehr führen

sein angesicht erhebe gott über dich
er wache über deine albträume
er lasse deine hoffnung nie ins leere laufen

gott stille
die stürme deiner angst
sicher führe er dich über
das dünne eis deines lebens
um nach hause zu kommen
in sein himmlisches reich

auf achse

und
der friede gottes
der tiefer geht und weiter reicht
als alle vernunft

entbinde uns
aus unseren verstrickungen
in schuld und scheitern

er bewahre
infarktanfällige herzen
vor bösen überraschungen

er verstocke sie nicht
vor gut gemeinten
ratschlägen

er behüte
unsere sieben sinne
auf der suche
nach auswegen
aus sinnlosem leid
aus endlosen tragödien

alles geschehe
in namen des herrn
der mit uns geht
wo auch immer wir
auf achse sind

selbstbild

wenn ich
vor dem spiegel
stehe

ohne schminke
mich und
mein leben
betrachte

bleibt die frage
nicht aus
ob alles
in ordnung ist
wie es ist

dann kann ich
mich selbst
nicht freisprechen

sprich
deshalb du
nur ein wort

und mein
fragwürdiges
selbstbild

wird
gesund

vereint

das brot das wir brechen
enthält mehr als wir sehen
der wein den wir schmecken
duftet nach mehr als wir ahnen

nach gottes reich
nach einem geist zwischen den dingen
nach worten zwischen den zeilen
nach einem glauben trotz aller zweifel

wie die körner
einst verstreut in den feldern
und die beeren
einst zerstreut in den bergen
in brot und wein vereint sind
lass deine kirche eins sein

gepriesen bist du
erhalter der welt
du verbindest uns
in diesem mahl

mit denen
die vor uns waren
mit denen
die mit uns leben
mit denen
die nach uns kommen
mit denen
die anders denken und glauben

körpersegen

gott segne unsere ohren
damit wir dein wort hören

gott segne unsere augen
damit wir deine herrlichkeit sehen

gott segne unsere hände
damit wir deine gebote halten

gott segne unseren mund
damit wir deine botschaft verkünden

gott segne unsere füße
damit wir deine wege gehen

gott segne unseren leib
damit wir ihn als tempel achten

gott segne unsere seele
damit wir für sie sorge tragen

gott segen unseren geist
damit wir sein feuer bewahren

gott segne unser herz
damit es in dir ruhe findet

karneval

lebensfreundlicher gott
dein himmel steht offen
für trauer und freude
für siege und niederlagen
für festtage und alltage

wir bitten dich
wenn wir hier
herzlich lachen
lass es nicht
auf kosten anderer
geschehen

wenn wir
bis zum abwinken
feiern
lass die
die ruhe brauchen
ihre ruhe finden

wenn wir heute
närrisches treiben
lass uns morgen
den ernst der lage
nicht übersehen

hochzeit

die welt in euren armen
rote kissen
zum niederknien bereit

pflanzt apfelbäume
gegen die motten
malt regenbögen
über eure betten

rutscht dem quellwasser
frischer gefühle
in demut entgegen

mit goldenen ringen
als kronen des gelingens
mit brennenden herzen
als kompass der liebe
unterwegs

überseht nicht
die eltern im rücken
deren liebe euch trägt

ehrt eure großeltern
deren treue mehr war
als anstand und moral

achtet die freunde
die mit euch auf
gottes wegen gehen

pfingstfest

an diesem pfingstfest
segne uns
gottes geist

er komme herab
wie eine taube
die ihr nest baut
in heimatlosen herzen

er brenne in uns
wie das feuer
dass die nacht erleuchtet
und den frost vertreibt

er tröste uns
und trockne alle tränen
wie eine mutter
die ihr kind umarmt
und verspricht
alles wird gut

so segne und behüte uns
der dreiseitige gott

der väterliche
der mütterliche
der geschwisterliche

aufbruch

der eine gott
der viele namen trägt
und in allen religionen
zu hause ist

er segne dich
und deine aufbrüche
zu neuen ufern
auf alten wegen

er behüte dich
deine vorausgegangenen
und zurückgelassenen

hell leuchte sein angesicht über dir
seine strahlen mögen deine
dunklen momente erhellen

gottes gnade trage dich
wenn das leben dir
unerträglich erscheint

sein angesicht
erhebe er auf dich
in einsamen nächten
und sinnlosen stunden

der himmlische schenke dir
seinen frieden und
deiner sehnsucht einen hafen

nachbarschaft

der herr der uns zur umkehr ruft
er segne dich und offenbare dir
seine licht- und schattenseiten

der herr behüte dich
er mäßige deine angst vor allem fremden
er öffne dein herz für alle nächsten

der herr lasse leuchten
sein angesicht über dir und seiner kirche
über unseren stärken und schwächen

er sei dir gnädig
wenn selbstgerechtigkeit dich beschwert
wenn unrecht dich niederdrückt

er erhebe sein angesicht über dich
er sende dir brieftauben
mit frohen botschaften
und spende dir das wasser
welches deinen durst
für immer stillt

er gebe dir frieden
und allen zankereien
in deiner nachbarschaft
ein gutes ende

heilige nacht

der segen gottes
der klein wurde
damit wir groß werden

der ins dunkle ging
damit wir den weg finden

der das leiden aufsuchte
damit wir trost haben

sei mit uns allen
in dieser heiligen nacht
im alltag unserer sorgen

glückskirche

glücklich die kirche
die nicht wandelt im rat der gottlosen
die nicht auf der stelle tritt
sie wird ihren weg finden

glücklich die kirche
deren herz für gottes weisungen brennt
ihr licht braucht sie nicht
unter den scheffel stellen

glücklich die kirche
die in gottes wort wurzelt
ihr haus nicht auf sand baut
sie ist gepflanzt wie ein baum
an frischen wasserbächen

glücklich die kirche
deren hoffnung zuletzt stirbt
von engeln wird sie umlagert
zu einem guten ende wird sie geführt

glücklich die kirche
die den dreieinigen kennt
die vier evangelien hat
die ihre beiden testamente
nie gegeneinander ausspielt

gott wird sie bewahren
vor grauer eintönigkeit
ihr ein fröhliches herz schenken

beunruhigt

bleibe bei mir herr
nacht ist es geworden
die welt ächtzt im würgegriff
unerträglicher taten und worte

nacht ist es geworden
an unseren außengrenzen
an denen die menschlichkeit verstirbt
es wird zeit zeugnis abzulegen
von deiner grenzenlosen liebe

ratlos legen wir unsere sorgen
in deine durchbohrten hände
alle nöte teilen wir mit dir
wie du das brot mit uns geteilt hast

die zukunft unseres landes
raubt mir den schlaf
die welt jammert mich
sie ist wieder
unter die räuber gefallen

trotzdem will ich glauben an
die kraft des mitgefühls
die kultur der gastfreundschaft
die würde jedes menschen

zwischen ohnmacht und hoffnung
lege ich mein beunruhigtes herz
in deine nachtwarme hand

aufrecht

der gott
der das geknickte rohr
nicht zerbricht
stehe dir bei
in deinen nöten
und nächten

der gott
der den glimmenden docht
nicht auslöscht
entzünde in dir
sympathie für schuldige
und unschuldige

der gott
der blinden die augen öffnet
bewahre dich
vor betriebsblindheit
und toten winkeln

der gott
der gefangene aus kerkern befreit
geleite dich
auf dem weg der erlösung
ins land der freiheit

dieser gott
schenke dir
den aufrechten gang
der befreiten kinder gottes

richtige richtung

gott wir loben dich
für die reichtümer des lebens
du nährst die hoffnung
wischst unsere tränen ab
rufst zur umkehr
stehst uns bei
in sieg und niederlage

gott wir loben dich
für das wunder deiner schöpfung
die vielfalt der arten
die weite des meeres
die unzähligen sterne

keiner von uns
müsste geizen
würden wir teilen
was allen geschenkt ist

heile gott
unsere ängste und sorgen
unsere gier und missgunst

der weg ist noch weit
ohne engel an unserer seite
werden wir das ziel nicht erreichen

segne das tägliche brot
und jeden kleinen schritt
in die richtige richtung

waisenkind

wenn du dich
auf den weg machst
schau nicht länger
als nötig
in den himmel
halte dich fest
an gottes geboten

wenn du dich
auf den weg machst
verharre nicht länger
als nötig
in deiner trauer
lass dich berühren
von gottes tröstergeist

wenn du aufbrichst
ziehe nicht länger
als waisenkind
einsam von dannen
denn der erhabene
begleitet dich
mit seinem segen

gewebt aus
hoffnung und güte
gemeinsinn und zuversicht

übergewicht

guter gott lass uns
mit aussätzigen an einem tisch sitzen
mit denen die keiner mag
die sich selbst nicht mögen
die ihr spiegelbild hässlich finden
die an ihrem übergewicht leiden

lass uns zwischen
männern und frauen
eltern und kindern
alten und jungen
barrierefrei leben
trennungen überwinden
schuldzuweisungen beenden

besserwisser mögen einsehen
nicht alles wissen zu können
zwanghafte mögen spüren
ohne zwänge lebt es sich entspannter
den wächtern des regelfalls
lindere ihre ängste vor ausnahmen
sei balsam für unsere seelen
mit deinem wort und geist

gegen die abgesänge der pessimisten
die vergiftung unseres miteinanders
die abschottung vor allem elend
helfen nur
widerstand und ergebung
eines aufrechten herzens

klimawandel

der herr über
himmel und erde
er segne dich
und das begraben
deines kriegsbeils

er nehme dir den ärger ab
und lindere deine magengeschwüre

der herr behüte dich
er trockne deine tränen und
umarme dich in deiner einsamkeit

der herr lichte das dunkel deiner seele
er schenke allem hass eine weiße fahne

gnädig sei dir gott
wenn niederlagen quälen
und enttäuschungen zermürben

der herr sehe deinen kummer
er besänftige deine ungeduld

er gebe dir
seinen frieden
deiner gesundheit wohlergehen
deinem gemüt zufriedenheit und
dem klimawandel
noch erreichbare ziele

volljährig

was ich dir wünsche mein kind
sind gute freunde
die dir ehrlich ihre meinung sagen
die dir zur seite stehen
wenn du hilfe brauchst
die dein inneres sehen
obwohl die welt auf äußerlichkeiten achtet

was ich dir wünsche mein kind
ist ein mensch
der dich liebt wie du bist
der dich bewundert
weil du ein wunder gottes bist
der durch dick und dünn mit dir geht
der deines vertrauens wert ist
der dir ein geheimnis bleibt
der dich ein geheimnis sein lässt

was ich dir wünsche mein kind
ist ein wissen um deine wurzeln
ist ein wissen um deine heimat
ist ein wissen um deine werte

du wirst uns verlassen
eigene erfahrungen sammeln
neue wurzeln schlagen
eigene nester bauen

so wünsche ich dir
finde dein element
höre auf dein herz
folge deiner stimme
spüre deinen spirit
breche zu neuen ufern auf

so wünsche ich dir
viel ur- und weltvertrauen
viel selbst- und gottvertrauen
die liebe deiner eltern
die liebe deiner geschwister
die liebe deiner großfamilie

nur die liebe macht frei zu gehen
und wiederzukommen

so wünsche ich dir
genug brot für jeden tag
genug kraft für jede herausforderung
genug mut für notwendige fehler
genug gegnügsamkeit für schwere zeiten

was ich dir wünsche mein kind
sind gottes engel an deiner seite
sinn und zufriedenheit auf deinen wegen
ist gottes reicher segen
für dein volljähriges lebensjahr

sterbesegen

der herr segne
deinen ausgang
und eingang

er behüte dich
und alle die dir
sorgen bereiten

er lasse leuchten
sein angesicht über dir
er stelle deinen kranken
und sterbenden
seine engel zur seite

er gewähre dir und den deinen
einen gnädigen tod

der herr erhebe
sein angesicht über dich
er lasse dich nie im stich
und niemals tiefer fallen
als in seine hände

er gebe dir im leben
wie im sterben seinen frieden
deinen vorausgegangenen
öffne er die tür
zur ewigen heimat

stallweihnacht

das wort gottes
das im schoß einer frau
fleisch wurde

segne dich
es blühe auf in deinem leben
es geleite dich wie einst die hirten
die von engeln begleitet wurden

das wort gottes
behüte dich
es schenke deinen nächten
die nötige ruhe
und deinen tagen
die nötige kraft
das wort gottes
lasse leuchten sein angesicht
über dir und deinem volk
das ängstlich im finstern sitzt

es stehe dir bei
wie gottes heerscharen
josef und maria beistanden

das wort gottes
lasse einen stern über dir leuchten
um dir den weg zu weisen
wie den drei weisen
die mitten im stroh
ihren heiland fanden

whirlpool

wir können oft den hals
nicht voll genug kriegen
wollen ganz vorne dabei sein
im whirlpool sprudelnder gewinne
lassen die korken knallen
ohne rücksicht auf verluste

du gott allein
kannst uns herausziehen
aus dem sumpf der rücksichtslosigkeit
uns frei machen vom neidischen blick
auf die gehaltszettel der anderen
und der gier
die nie genug bekommt

im wohlstandsgefälle unserer zeit
bedürfen wir deines erbarmens
es braucht einen weltoffenen geist
der sich nicht abschottet
von den nöten der welt

es wäre schön
könnten wir weltmeister der herzen
und menschenfreundlichkeit werden

stärke dazu gott
die guten seiten in uns
damit die menschenfeinde
keine zweite chance bekommen

jeckensegen

der schöpfer
des regenbogens
schenke allen prinzenpaaren
genügend humor und kamelle

er behüte euch
vor unglück auf euren
sitzungen und umzügen

der humorvolle himmelsherrscher
lasse leuchten sein angesicht über euch
er schenke der welt die einsicht
dass jeder jeck anders ist
und jeder mensch
eine eigene würde hat

57

gott sei euch gnädig
bitte nehmt
euren karneval
eure uniformen
euch selbst
nie zu ernst

der liebevolle
erhebe sein angesicht über euch
beim bützen und feiern

er schenke euch seinen frieden
einen fröhlichen geist
und ein hilfsbereites herz

wuttrauer

heilsamer geist
schenke mir die kraft der trauer
sie helfe mir loszulassen was
unwiederbringlich verloren ging
sie nehme mich hinein
in den fluss des lebens
in das was noch kommt
in das was unverfügbar bleibt

sie erweiche mein herz
für liebe und einsicht
ihre kraft helfe mir über
die abgründe des todes hinweg
sie lasse mich eintauchen
in ihre tiefe und zärtlichkeit
weite und weisheit

heilsamer geist
schenke mir die kraft der wut
sie macht unmögliches möglich
räumt unliebsames aus dem weg
sie stellt sich dem unrecht in die quere
hilft auf meine bedürfnisse zu achten

die wut kämpft weiter
wo andere die segel streichen
sie weiß was ihr heilig ist
sie setzt grenzen und zeigt klare kante
ihr stinken faule kompromisse
zum himmel

smartphone

ich hebe meine augen auf
von meinem smartphone
woher kommt mir hilfe
sicher nicht von meinen
freunden auf facebook
eher von gott der mehr ist
als die abfolge von einsen und nullen

der unaussprechliche achtet auf mich
er lässt mich nicht auf die nase fallen
oder vor die wand laufen
weil ich schlaflos war
oder müde durch den tag irre

mein gott schläft
und schlummert nicht
trotz meiner schattenseiten
behütet er mich vor lug und trug
vor fake news und populisten

bei ihm lege ich ab
den rucksack meiner beschwernisse
von ihm erbitte ich orientierung
in unübersichtlichen zeiten
in komplexen gefahrenlagen
im hin und her meiner
verwirrungen und verstrickungen

irgendwann wird er
den gordischen knoten
meines lebens lösen

unterm strich

wir mühen uns ab
alles richtig zu machen
tausend regeln einzuhalten
keine steuern zu hinterziehen
die zugehfrau zu versichern
niemanden unrecht zuzufügen

doch bei aller mühe
können wir uns
nie sicher sein
ob all das gut geht
das ziel erreicht wird
wir aufs richtige pferd gesetzt haben

ungewiss bleibt
was gewiss erscheint

unterm strich
zähle nicht nur ich
unterm strich
kann keiner
die rechnung
ohne den wirt
machen

unterm strich
rechnet am ende
ein anderer mit uns ab
ihn haben wir um sein
erbarmen zu bitten

warum

warum
sehe ich den splitter im auge des andern
warum
bin ich gebannt vom spiel der macht
warum
bin ich so selten bei sinnen
warum
renne ich falschen göttern hinterher
warum
erkenne ich den engel an meiner seite nicht
warum
sehe ich den wald vor lauter bäumen nicht
warum
starre ich wie das kaninchen auf die schlange
warum
fixiere ich mich auf halbleere gläser
warum
halte ich an alten kränkungen
wie an frisch gedruckten schuldscheinen fest

warum
lege ich nicht
alles in gottes hände
warum
bitte ich nicht ihn
mich zu erlösen
von allem bösen
und jedem warum

aktion mensch

willkommen
zur aktion mensch

lasst uns in dieser nacht ablegen
das joch der erschöpfung
den ausgefransten mantel der sorge
das gefühl im falschen film zu sein
die last der hoffnungslosigkeit
das schwere los der einsamkeit
die abwärtsspirale der trauer
den unfrieden an allen fronten

und versuchen
unser menschsein
anzunehmen
wie christus es
in einem stall tat

dabei muss sich
niemand überheben

gott selbst fing
ganz klein an
in einem kind

zwischen
ochs und esel
engeln und hirten
unheiligen und heiligen
drei königen

schwachstellen

der herr
segne deine schwachstellen
und wunden punkte

er behüte
dich und die deinen
vor unfall
krankheit und gefahr

der herr lasse leuchten
sein angesicht über dir
gottes güte erwärme
dein leben
sie tröste dich
in bedrängnis und ängsten

der herr gewähre dir
schutz und schirm
vor allem bösen
stärke und kraft
zu allem guten

deinem leben
wie deinen toten
schenke er
seinen frieden
von nun an bis
in alle ewigkeit

segne mich

wunde punkte
haben wir
wie alten whiskey
unter verschluss gehalten
bis die zeit
überreif war

unerwartet
hast du
die kruste
verschorfter narben
mit treffenden worten
abgeschält

überraschend stand ich
tränenüberflutet
wie jakob auf der flucht
vor mir selbst

im übergang
zu heimatlichen gefilden
zitternd vor ängstlicher
versöhnungsbereitschaft

nun hinken wir beide
verheult und gezeichnet
dem morgenrot entgegen
halten verzweifelt
am roten faden
unserer alten liebe fest

erst im rückblick
werden wir erkennen
wie offene wunden
zu quellen wurden
für liebe und leidenschaft
für verzweiflung und versöhnung

nur ein
verletztes
verwundetes
vergebendes
ich
ist fähig
zum wahren
wir

ohne
auseinandersetzung
kommt keine
beziehung
voran

deshalb
lasse ich
dich nicht
du segnest
mich denn
wie gott es
am jabbok
mit jakob tat

schwarzweißmalerei

auferstandener
lass uns auf dein kreuz schauen
wenn wir am leben verzweifeln

wende
schweres in leichtes
böses in gutes
dunkles in helles
die muffige nacht
in einen frischen morgen

wehre
dem abgerlauben
der bigotterie in den religionen
der schwarzweißmalerei
aller populisten und pinocchios

spanne deinen bunten bogen
grenzenloser liebe
über die verächter der vielfalt

lehre uns wege gehen
die zur wahrheit führen
bewahre vor dem gift
der selbstgerechtigkeit
erlöse uns von den
richterstühlen der selbstgefälligkeit
gehe den verlorengegangenen nach
und schließe unsere vorausgegangenen
in die arme deiner goldgütenen ewigkeit

unwetterwarnung

himmlischer schöpfer
irdischer menschenkenner
unwetterwarnungen nehmen zu
fragen über fragen türmen sich auf
babylonische sprachverwirrung herrscht
ein raues betriebsklima quittiert
den fluch unserer taten

alles verbindender schöpfergeist
beende unseren leichtsinn
mit wald und wiesen
mit wasser und energie
mit tier und mensch

entlarve die ausreden derer
die uns einreden wollen
dass sei alles immer schon
so gewesen

gewähre den
achtsamen blick der schönheit
für tulipan und nachtigall
für vögel und bienen
für insekten und gewässer

erbarme dich
unserer unachtsamkeit
unseren monokulturen
in köpfen und herzen
und des artensterbens

enkelkinder

wir bekennen
unsere unfähigkeit dem bösen
nicht entschieden genug
widerstanden zu haben
der unvernunft nicht mehr
vernunft entgegengesetzt zu haben
der unmenschlichkeit nicht mit mehr
menschlichkeit begegnet zu sein
den unfrieden nicht mit
friedensschlüssen entwaffnet zu haben
den klimawandel nicht entschieden genug
gestoppt zu haben
im dunkel der welt nicht hoffnungsvoller
lichter des glaubens entzündet zu haben
im ungesunden nicht mehr
zur gesundung beigetragen zu haben

barmherziger vater
heile unsere verwundeten
leiber und seelen
füge zerbrochene herzen
neu zusammen
gewähre schlechten prognosen
bessere aussichten
gib uns mehr anlass
für eine begründete hoffnung
besonders im blick
auf die zukunft unserer
kinder und enkelkinder

mauerfall

ungestillt ist unsere sehnsucht nach sinn
täglich wird der freiheit nachgestellt
wie ein verwundetes tier
liegt sie im straßengraben

dankbar sind wir für den fall der mauer
für eine friedliche revolution
mit gebeten und kerzen
für den mut der vielen

kettensprengender gott
vater freier christenmenschen
mutter unzähliger kinder gottes
tapfer wollen wir weiter streiten
für mehr gerechtigkeit
für die bewahrung der schöpfung
stille du auf unserer reise
den ungelöschten durst nach mehr fairness

täglich zeigt der populismus seine fratze
in halle und hanau
in sozialen netzwerken
und nadelstreifenanzügen
auf fußballplätzen und an stammtischen
früher wehrten wir nicht den anfängen
heute könnte es bald zu spät sein

deshalb heile gott
jede blindheit auf dem rechten auge
lass uns zum schutzschild werden für die
die wieder auf gepackten koffern sitzen
oder unbemerkt im mittelmeer ertrinken

zurechtbiegen

unser ja soll ein ja
unser nein ein nein sein
einfach ist das nicht

oft sitzen wir zwischen allen stühlen
wissen wir nicht
was richtig oder falsch ist

könntest du gott
wie christus das brot gebrochen hat
unsere orientierungslosigkeit zerbrechen
uns mehr anteil an deinen weisungen geben
uns verführen zu einem sinnvollen leben

nimm uns doch ab
die sorge um uns selbst
die gleichgültigkeit gegenüber dem nächsten
die achtlosigkeit gegenüber deinem wort

stärke uns mit der frucht deines weinstocks
verbinde was zerbrochen ist
füge zusammen was sich fremd wurde
versöhne die streithansel
biege unser herz zurecht
wie den weizen im wind
verbiege nur unsere überzeugungen nicht

heile und heilige unser leben
durch deine geschmeidige gnade

todesstreifen

meister der zukunft
wir kommen zu dir
mit unserer hoffnung
auf heil und heimat

wir beklagen die uneinsichtigkeit
die wie unkraut zwischen
unseren seelen wächst
wir bedauern die verdrängung der klimakrise
wir leiden an feindbildern
die notausgänge blockieren

entfeinde gott unseren umgang
mit deiner wunderbaren schöpfung
erlöse uns aus
den eskalationsspiralen der gewalt
lösche ab die brandherde der missgunst
lass interessenvertreter und lobbyisten
endlich ins leere laufen

reiß die mauer des todes nieder
begrüne mit hoffnung die todestreifen
zwischen
ost und west
herz und verstand
lebenden und toten

erbarme dich der abgrenzungen
die wie panzerglas zwischen uns stehen
jede berührung und jedes verständnis
unmöglich machen
erlöse uns von vorurteilen
und erbarmungslosen fehlurteilen

neunter november

an gedenktagen wie diesem
wissen wir nicht wohin
mit dem gordischen knoten
unserer gescheiterten geschichte
den schmerzenden erinnerungen
den leichenbergen voller schuld
den freudensprüngen über mauern hinweg

wir sind verstrickt in unzählige widersprüche
tonnenschwer belastet von sorgen
um die fragile zukunft unserer kinder

marionettenhaft leben wir
ferngesteuert wie gefangene
sind wir zu getriebenen geworden
von unguten absichten
von ängsten und mutlosigkeit

hiobsbotschaften ziehen uns
jeden tag mehr in den strudel
der verzweiflung hinab

wie um vergebung bitten
wann und wo aufhören
denen zu vergeben die an uns
schuldig geworden sind

vergib vater
uns und unseren schuldigern
sonst wäre alles vergeblich

verwandlung

es segne uns
der vater

der die trauer
in freude verwandelt

es segne uns
der sohn

der ungewissheit
in zuversicht verwandelt

es segne uns
der heilige geist

der abschiede
in neuanfänge verwandelt

es verwandle gott
schwerter der macht
in pflugscharen der gerechtigkeit

die gesinnung der stärke
in fürsorge für schwache

untätigen unglauben
in tätige hoffnung

verpasst

heilender
heilsamer schöpfer
gerne würden wir dir danken
doch zu viele klagen
versperren uns den weg

gerne würden wir dich bitten
doch zu viele sorgen
lasten auf unseren seelen

notgedrungen würden wir
unsere schuld bekennen
doch sprachlosigkeit verschließt
unseren mund

die welt brennt
und vor ort brennt uns
vieles auf den nägeln

greta und ihre freunde
haben recht
nur wir kommen nicht
aus dem quark

erbarme dich
unserer verlassenen wege
unserer bretter vorm kopf
unserer verpassten chancen

loslassen

gott
ich werfe mich
ich entwerfe mich
ich entblöße mich
ich habe die angst verloren
vor dem was andere
sagen könnten

gott
ich frage mich
ich stelle mich infrage
ich finde vieles fraglich
ich habe keine angst mehr
vor den offenen fragen

gott
ich traue mich
ich misstraue der welt
ich vertraue dir
habe die angst im griff
vor dem loslassen

ich springe
in deine
offenen arme

was
auch kommt
irgendwie wird
es sich fügen

sterbehilfe

auferstandener christus
wir vertrauen dir unsere verstorbenen an
schreiben ihre namen ins buch des lebens
legen sie dir in unseren gebeten ins ohr
wir entzünden osterlichter der hoffnung
unter deinem kreuz
räumen ihnen in der stille
den raum der erinnerung ein
stimmen lieder des trostes an
weil verstummen unerträglich wäre

quelle des lebens
unsere gedanken sind
an diesem ewigkeitssonntag

bei denen die fehlen
bei denen die sterben wollen
und nicht sterben können
lindere ihre schmerzen
erlöse sie von ihren übeln
schenke ihnen die kraft
in guter begleitung
ihre letzen schritte
ohne abkürzungen
ans andere ufer
in frieden zu gehen

bleibe bei uns
wenn es abend wird
begleite die letzten wege
von jerusalem nach emmaus

morgenländer

himmlischer vater
mit den drei weisen aus dem morgenland
kehren klugheit und farbigkeit
in bethlehem ein

lass uns die kommenden festtage
als zeit offener herzen feiern
für menschen die uns brauchen
für andersdenkende und andersglaubende
für neuzugezogene und ureinwohner

himmlischer vater
manche feiern fröhlich mit den hirten
haben das christuskind als ihren gott
in der krippe gesucht und gefunden
andere stehen eher nachdenklich
als zaungäste am rande
wie die drei damals
von ferne herkommend
gehen sie respektvoll auf das kind zu
erst ihre anwesenheit macht die heilige nacht
zu einem fest grenzenloser liebe

himmlischer vater
gewähre uns in der vorfreude der kinder
ein gespür für die tiefe dieser nacht
einen sinn fürs wesentliche
lass morgen- und abendländer
uns willkommen heißen
in einer welt geschlossener grenzen
unsere türen hoch und herzen weit machen
für alle kinder gottes

wunderbar

der barmherzige gott
der deine seele erhebt
erleuchte dein inneres
mit seinem geist

er segne dich
deinen täglichen mühen
stelle er seine engel zur seite

der herr behüte dich
er heile deine seele mit
dem balsam seiner liebe

er lasse leuchten
sein angesicht über dir
der die sonne aufgehen lässt
über freunde und feinde
sei dir freundlich gesonnen

gnädig sei dir gott
hochmütige stößt er vom thron
nur die demut führt in sein reich

gott erhebe sein angesicht über dich
menschen mit vollen taschen
lässt er leer ausgehen

er gebe dir seinen frieden
und deiner hoffnungslosigkeit
neuen mut

krisen

ich glaube
dass gott aus allem
auch aus schwersten krisen
sinnvolles zustande bringen kann
dafür braucht er gute geister
die wesentliches von unwesentlichem
unterscheiden können

ich glaube
dass gott uns in jeder niederlage
so viel auferstehungskraft schenkt
wie wir brauchen
damit wir die schwerkraft
des schmerzes überwinden
gott überhäuft uns nicht mit tatkraft
damit wir nicht übermütig werden
sondern demütig bleiben
allein von gott her
sollen wir uns gehalten wissen
um in angemessener haltung
die herausforderungen anzugehen

ich glaube
dass selbst schwache momente
uns stärken können
versagen nicht unsinnig ist
wenn wir aus fehlern lernen

denn erst im rückblick unseres lebens
werden wir in allen höhen und tiefen
den roten faden göttlicher
bewahrung erkennen

lebenswüste

wenn wir stehen
in den wüsten
unseres lebens

wir nicht ein
noch aus wissen
zwischen
scherbenhaufen und trümmerfeld
pest oder cholera
corona oder influenza

dann reiche
du uns gott dein
wegweisendes wort

und sende
deinen engel
zu uns mit
brot und wasser

gewähre uns
in den hitzewellen
dieser zeit
deinen frieden

und
deinen tröstergeist
der tag und nacht
an unserer seite
wacht

zeigen

es zeigt sich
das wesentliche
es zeigt sich
die wahrheit

es zeigt sich
das unverfügbare
es zeigt sich
die liebe

es zeigt sich
das vertraute
es zeigt sich
die offenbarung

es zeigt sich
der engel
es zeigt sich
der himmel auf erden

es zeigt sich
die sonne
hinter den wolken

es zeigt sich
die hoffnung
nach jeder
beerdigung

kraft

woher nehme ich
die kraft
die mich täglich
aufstehen lässt
gegen das unrecht
für das recht
gegen die lüge
für die wahrheit
gegen den hass
für die liebe
gegen den spott
für die barmherzigkeit

woher nehme ich
die kraft
wenn nicht
von der quelle
aus der alles entspringt

ohne mühen
strömt es aus ihr
von geisterhand geführt
in richtung unendlichkeit

wie auch ich
der ich fließe
voller sehnsucht
hin zu dir
du unglaublicher
gott

haut

ich streife ab die haut
die zu meiner zweiten
geworden war

sie wollte mir
glauben machen
ich wäre es
der in ihr steckt

sie ließ mich
nicht mehr merken
was unter ihr
begraben lag

ich streife sie ab

klebrige flügel
öffnen sich ängstlich
ein schmetterling erhebt sich
der veränderung entgegen

ein leichnam an lüge
liegt vor mir
zu eng war sie geworden
ihr hauchdünner streifen
trennte mich vom leben

es erschien
alles transparent
troztdem war ich
so erschreckend starr

hafen

ich
brauche
einen hafen
für mein herz

wenn ich
auf see bin
weit weg
von zuhause

willensstark

fallen lassen
sich ganz
fallen lassen

nicht mein wille
geschehe
sondern dein wille

was für eine
zumutung
für einen
willensstarken
menschen
wie ich
einer bin

herodes

am ende
muss der retter
sich selbst retten
die eltern
mit dem kind
die flucht antreten

es bleibt
den erstgeborenen in betlehem
das morden des herodes
nicht erspart
weil dieser könig
auf teufel komm raus
an seiner macht klammert

wie viele gekränkte
nimmt er
am bitteren ende
den untergang aller
mit in kauf

es wird zeit
dem rad in
die speichen
zu fallen

es wird zeit
zu bekennen
wer der wahre herr
im weltenhaus ist

du

du bist
meine brücke
heraus
aus dem schweigen
in das land
des versprechens

du bist
mein engel
heraus
aus der dunkelheit
in das land
der liebe

du bist
mein auge
heraus
aus meiner blindheit
in das land
des lichts

geschehen

und
es
geschah

etwas
geschehen lassen
nichts erzwingen

weil die liebe
nicht zwingt

das leben
sich nicht
erzwingen
lässt

und
es
geschah

sagt die bibel
immer

wenn sie
nicht weiß
wie sie es
sagen soll
dass
ein wunder
geschah

nähe

ich brauche
deine nähe
wenn ich
flüchte

vor mir
vor meinen verfolgern
vor meinem schatten

ich brauche sie
ohne verträge
ohne schwüre
ohne lebensversicherungen
mit provisionen

ich brauche
deine nähe
gott

sonst
befürchte ich

verlaufe
ich mich

in
den fängen
meiner
treiber

falscher zug

dietrich bonhoeffer
schrieb einmal

wenn man
in einen falschen zug
einsteigt
nützt es nichts
im gang entgegen
der fahrtrichtung zu laufen

es gibt
kein richtiges leben
im falschen

keinen beruf
ohne berufung

keine liebe
ohne verzeihen

keine freundschaft
ohne verständnis

keine lebenslüge
ohne wahrheit

keine umkehr
ohne alte gleise
zu verlassen

raus sein

ich bin randvoll
mit gedankenfetzen
mit ärger
mit wut und müll
den mir andere
in ihrer dummheit
vor die tür gekippt haben

und jetzt stinkt
die fäulnis fauler kompromisse
unerträglich zum himmel

obwohl mein
richtiger riecher
es anders
gewollt hätte

da sitze ich nun
versuche still zu werden
zu beten und zu schweigen

aber
meine gedanken
fahren im hühnerstall
motorrad und brüllen

macht euren scheiß
doch allein

ich bin raus

tauschgeschäft

ich falle
immer tiefer
in mich hinein

tauche ein
tauche unter
in ein langanhaltendes
schweigen

jenseits der worte
führt es mich
in unaussprechliche
dankbarkeit
die mich psalmen
beten lässt

geläutert
durch eine stille
die ohne falsch
und eitelkeit ist
lässt meine
sprachlosigkeit
mich kleiner werden
und gott größer

was für ein
wunderbares
tauschgeschäft
ohne gewinner
und verlierer

schwachstellen

wo habe ich
meine schwachstellen

wo sind die wunden punkte
die mich verwundbar machen

was lässt mein verletztes kind
ängstlich in der ecke kauern

warum verliere ich den schlaf
nehmen alte sorgen mich
neu gefangen

ich weiß es nicht
weil ich leichtsinnigerweise
mich zu lange für
unverwundbar hielt

du gott
kennst die stricke
in die ich mich verstricke

du hilfst mir auf
wenn ich unter die räuber
meiner selbstgefälligkeit gerate

du bringst mich
auf dem esel deiner fürsorge
in die herberge deiner
unbezahlbaren güte

vorsehung

gibt es
eine
vorsehung

ich
weiß
es nicht

calvin
wusste es

es gibt
eine
rücksehung

da bin
ich mir
ganz gewiss

im rückblick
zeigt
es sich

wir
werden
begleitet

notenschlüssel

ich saß
an den flüssen babylons

drei jahrtausende später
weinte ich mir die tränen
aus dem leib

etwas in mir
stieg auf
aus der tiefsee
meiner schmerzen
aus dem urgrund
meiner melancholie

eine melodie
berührte mich
sang von
untergegangenen welten

ihr notenschlüssel öffnete
die schleusen meiner sehnsucht

ihre klänge stillten
meinen hunger
nach heimat
meinen durst
nach sinn
meine sehnsucht
nach gewissheit

bauchgefühl

man nennt es
bauchgefühl

was für ein
komisches wort

nennen wir es
besser intuition

oder spielwiese
des heiligen geistes

zwischen
wissen und gefühl
zwischen
erfahrung und vernunft

schenkt es mir in
unverdienter weise
eine ahnung wo es
langgehen könnte

mein kompass
mein gespür fürs leben

meine unverfügbare
innere stimme

die ich allein dir verdanke
mein gott

unglaube

ich kann
mit meinem gott
über mauern springen

mit meinem glauben
übers wasser gehen

mit meiner liebe
das eis schmelzen

mit meinen gedanken
berge versetzen

mit dem täglichen brot
fünftausend mäuler stopfen

mit meiner wutkraft
dämonen vertreiben

mit meiner hoffnung
trauernde trösten

alles ist möglich
dem der da glaubt

ich kann aber
nur glauben
wenn meinem unglauben
geholfen wird

erkennen

du weißt nicht
wer du bist
einer weiß es wohl

du weißt nicht was wird
einer kennt die richtung

du sorgst nicht genug
für deine bedürfnisse
einer weiß wessen du bedarfst

dein tun ist nicht alles
einer steht dir bei
was immer du tust

du musst dir nichts beweisen
weil einer dir seine liebe erwiesen hat

du bist ein fehlbarer mensch
unfehlbare menschen sind unmenschlich

du musst nicht bleiben was du bist
veränderungen sind möglich

du hast angst in der welt
einer hat die welt überwunden

du lebst in konflikten
einer schenkt dir seinen
ewigen frieden

müde

nicht
müde werden
und gott leise
wie eine ameise
deine sehnsucht
hinhalten
ihm alle sorgen
ans herz legen
wie einem engel
ohne flügel

nicht
müde werden
und gott laut
wie ein donnerschlag
die faust zeigen
deine wut
ihm ins ohr schreien
wie einer klagemauer
ohne obergrenze

kindstod

stirbt ein kind
hält die welt den atem an
fällt ein stern vom himmel
geht für eltern ihre sonne unter

stirbt ein kind
tauchen am horizont
flutwellen von fragen auf
fallen alte antworten
in ungehaltene tiefen

stirbt ein kind
rückt das universum
enger zusammen
um die lücke zu schließen
die als wunde ewig bleibt

stirbt ein kind
geschieht zwischen
vielleicht und irgendwann
ein wortloses wunder
wenn es neu geboren wird
in hoffenden herzen
in goldener erinnerung

es neu erblüht
als engel in gottes reich
im garten der
vorausgegangenen kinder

entspannung

aus meinen händen
lege ich

alles sorgen
und besorgen

alles tun
und lassen

alles machen
und müssen

alles fliehen
und fluchen

alles siegen
und kämpfen

alles verlieren
und verzeihen

nur eines
erbitte ich
in allem

ruhe zu finden
um der entspannung
mein loblied anstimmen
zu können

terminkalender

gott segne
unsere terminkalender
und to do listen

er schenke uns
die kunst der unterscheidung
von wesentlichen und
unwesentlichen dingen

er gewähre unseren nächten
die ruhe die über
den tag verloren ging

er lindere die sorgen
die unsere alarmsysteme
ständig in bereitschaft halten

gott stifte frieden
zwischen geschwistern
die der neid zerfrisst
zwischen kollegen
die sich beinchen stellen
zwischen völkern
die sich bekriegen

schmelze ab die eisberge
ständiger überforderung
und lasse gelingen
den nächsten tag
mit freude und zuversicht

coronasegen

zwischen
sieg und niederlage
hoffnung und verzweiflung
gewinn und verlust
taumelt diese verrückte zeit
hin und her

wege wurden gefunden
wege wurden verlassen
freundschaften fingen an
freundschaften brachen ab
enkelkinder wurden geboren
großeltern verstarben

wir legen in deine hände
was war
wir nehmen aus deinen händen
was kommt
wir bitten um verzeihung
für vieles was nicht gelang
wir hoffen auf deinen segen
für das was vor uns liegt

richte du auf
das geknickte rohr
im wechsel der jahre
entfache du neu
den glimmenden docht
im dunkel unserer zeit

werfen

gott wir werfen unser gebet
an den himmel
wo sonst sollen wir hin
mit unserem kummer

gott wir werfen unser klagen
in das meer
wo sonst sollen wir hin
mit unseren tränen

gott wir werfen unsere toten
in deine arme
wo sonst sollen wir hin
mit unserer trauer

gott wir werfen unsere schmerzen
an deine brust
wo sonst sollen wir hin
mit unserem leid

nichts anderes
bleibt uns übrig

als mit allem
was wir sind
und haben

uns in deine
gütearme
zu werfen

ringe anstecken

wir stehen im watt
der wind bläst ins gesicht
der deich beschützt im rücken
zwischen ebbe und flut

wir stochern im nebel
gütige geschichten hinter uns
offene fragen vor uns
gefangen im hin und her
zwischen hoffen und bangen

wir ringen im alltag
mit der liebe im herzen
der wut in den fäusten
zwischen lust und last

wir wissen nicht
wohin die vergangenheit
uns drängen wird
welche zukunft
auf uns zukommt

nur eines ist gewiss
wir wollen glauben
lieben und hoffen
voller kraft und besonnenheit

wie einst als wir
einander ringe
für immer ansteckten

elternsegen

springe
nie zu weit
aber spring

ziehe
in die welt
und kehre
gerne heim

beschreite
neue wege
nutze gut
was in deinem
rucksack steckt

erfreue dich
an allem neuen
verlasse dich
auf das vertraute

kappe die taue
und vergiss nie
wo dein hafen ist

wir sind gewiss
in deinem herzen
trägst du einen kompass
aus liebe
und klarheit

überzeugung

wir glauben an die kraft der erneuerung
durch gottes geist
der in jeder religion
konfession und kultur
weht wo und wie er will

wir glauben an die kraft der gemeinschaft
die sich ihrer geschichte erinnert
aus fehlern lernt
und ihren glaubensquellen zuversicht schöpft

wir glauben an die friedensstiftende kraft
der religionen
die allem fundamentalismus wehrt
und sich an der vielfalt der kulturen erfreut

wir glauben an die mitmenschlichkeit
die würde jedes menschen und das mitgefühl
weil wir gottes geliebte kinder sind

uns ruft der klimawandel zur umkehr
und ein meer aus lügen zur vernunft

unsere herzen lassen uns glauben
dass die liebe stärker ist als der tod
und wir mit keinem geld der welt
ein sinnvolles leben erwerben können

uns ängstigen keine bösen mächte mehr
weil wir auf gottes güte vertrauen
von nun an bis in alle ewigkeit

heiliger abend

unser himmlischer vater
der dich in dieser nacht
mit haut und haar liebgewonnen hat
lasse leuchten sein helles licht
im dunkel deiner sorgen

der schöpfer aller geschöpfe
lasse sein angesicht erstrahlen
über allen die dir fremd geworden sind

gottes geistkraft sei
deinen schwachstellen gnädig
sie machen dich aus
sie machen dich berührbar
sie machen dich bedürftig

der erhabene erhebe
sein angesicht über dich
achte das krippenkind höher
als deine interessen

der geistesgegenwärtige
entzünde sein licht
in deinem ausgebrannten herzen

er schenke dir seinen frieden
er tröste deine trauer
er führe dich durch deine ängste
er schenke erlösung
deiner einsamkeit

entscheidung

höre

höre
und
schweige

schweige

bis
die entscheidung

ansteht

sich
das unsichtbare
zeigt

und
das entscheidende

wie
ein reifer
apfel

in
den schoß
deiner
gewissheit
fällt

begeisterung

heiliger geist
mache mich zur fackel
deines herzschlags

damit ich aufbaue
wo andere niederreißen
damit ich versöhne
wo andere spalten
damit ich entgifte
wo andere vergiften
damit ich glaubwürdig bin
wo unglaube herrscht
damit ich gerechtigkeit übe
wo unrecht regiert
damit ich heilung bringe
wo unheil verletzt
damit ich leichtigkeit verbreite
wo schwermut drückt
damit ich achtsam bin
wo unachtsamkeit schmerzt
damit ich haltung zeige
wo haltlosigkeit verwirrt

heiliger geist
begeistere meine glimmende liebe
lass mich brennen
ohne auszubrennen
lass mich kämpfen
ohne mich zu verkämpfen
lass mich leben
ohne mich zu verlieren

wen du begeisterst
der begeistert andere
wen du ermutigst
der ermutigt andere
wer dir vertraut
der lässt sein misstrauen los
wer deine ruhe sucht
der lebt beruhigter
wer dir sein herz öffnet
der vergibt und verzeiht

heiliger geist
du hältst mich
du verbindest mich
mit dem grund des lebens
von nun an
bis in alle ewigkeit

verwandlung

wandel
wandlung
verwandlung

so lange die zeit
nicht stehen bleibt
die tür der ewigkeit
sich noch nicht öffnet
geht es immer
voran

bis wir
das ufer wechseln

wir können
nicht anders

als uns
dem wandel zu stellen
der wandlung
ihren lauf zu lassen

höchstens
unsere verwandlung
können wir erbitten

von dem unwandelbaren
der unerkannt
von jerusalem nach emmaus
mit uns unterwegs ist

körpersprache

mein körper lügt nicht

was macht ihn krank
setzt das herz unter druck
lässt haare zu berge stehen
den hals anschwellen

woher kommen
rückenschmerzen
kopfweh und kreislaufprobleme
magengeschwüre und müdigkeit

was tun wenn das leben
nicht mehr schmeckt
ich sklave meiner sucht
geworden bin

nur die wahrheit
macht frei

nur die sehnsucht
die das heil sucht
führt zum heiland

nur der heilige geist
führt in ein reich
ohne leid und geschrei
schmerz und tod
weil dann der eine
alles in allem sein wird

zurückfinden

ich finde
wieder zurück

in mein selbst
in meine welt
in mein gottvertrauen

obwohl
die erde bebte
die flüsse überliefen
die berge wankten

ich finde
wieder zurück
weil ich gefunden wurde
wie moses im weidenkorb

von dem
der mich erkannt hat
in meinem sklavenhaus

von dem
der meine bitterkräuter kennt
der um meine not weiß

von dem
der verraten wurde
der an seinem kreuz
auch meines trug

fügen

es war
wie es war
es ist
wie es ist
es wird sein
wie es
sein wird

es wird geschehen
was geschehen soll

es wird werden
was wird

irgendwann
wird sich
alles fügen
wie es
sich fügt

ein friede
wird einkehren
in unsere herzen
den sich
die welt
nicht selbst
geben kann

versöhnung

wie viele kriege
haben wir geführt
wie viele schlachten
haben wir geschlagen
und nichts gewonnen

alle seiten haben
nur verloren

als vertriebene königskinder
ohne volk und ländereien
steht eine tür noch offen

weichgeklopft vom schicksal
entkräftet von den kämpfen
je älter wir werden
ist es an der zeit
das himmelstor der versöhnung
zu durchschreiten

wie sonst könnte
frieden einkehren
zwischen dir und mir
zwischen ich und wir
zwischen himmel und erde

wer am ende
zu spät kommt
den bestraft nicht
nur das leben

beschwernisse

wenn dich das leben
so richtig vermöbelt hat
dir alles weh tut
du nicht mehr weißt
wo vorne und hinten ist

dann stürze nicht
in den sumpf des selbstmitleids
ertrinke nicht im meer der befindlichkeit
erblinde nicht an ständiger nabelschau

sondern lerne
die zeichen der zeit zu lesen
den ruf zur umkehr zu hören
aus niederlagen den vorschein
der auferstehung herauszulesen

der gott
der den glimmenden docht nicht auslöscht
will dich neu entflammen
jedem stein der dich beschwert
wohnt die kraft zur veränderung inne

an der grabkammer
deiner aussichtslosigkeit
stehen dir engel zur seite
sie räumen alle beschwernisse weg
die dir den weg
ins neuland der hoffnung
versperren

trennung

nichts kann
mich trennen
von der
liebe gottes

auch
wenn wir
hin und wieder
getrennte wege
gehen müssen

totenaufgang

wenn
bei uns
die sonne
untergeht
geht sie
woanders
wieder auf

warum
sollte es
mit unseren
toten
anders sein

sinn

zur
besinnung kommen
bei sinnen sein
besinnlich sein
den tieferen sinn finden

geht das
wenn ich mich
im auge des orkans
in völliger sinnlosigkeit befinde

komme ich
mitten im toben der welt
je zur ruhe

finde ich
im größten chaos
irgendeinen sinn

kann ich mich
trotz konzentrationslager
auf wesentliches konzentrieren

oder ist jegliche
rede von sinn
nicht eher
die reservebank
für.gottlose

das sehnsuchtswort
für sehnsüchtige
das heimatversprechen
für heimatlose

wahrscheinlich
wird ein sinn
mir erst
einleuchten
wenn ich
aufhöre
nach ihm
zu fragen
und anfange
sinnvoll zu leben

um vom verweslichen
ins unverwesliche
vom unwesentlichen
ins wesentliche
zu gelangen

um am morgen
in gottes armen
ausgeschlafen
und beruhigt
zu erwachen
ohne irgendwelche
weiteren fragen
zu stellen

heimreise

wir sind genug übers land gezogen
haben fette beute gemacht
große feste gefeiert
kinder bekommen
eltern begraben
kriege betrauert
frieden geschlossen
mauern fallen sehen
raketen zum mond fliegen lassen

nichts gäbe es
was noch erlebt werden müsste
außer was
aus den kindern wird

eines sollte vielleicht
noch gelingen
die heimreise ins ich
zu lange waren wir aushäusig

es wird zeit
die sprache zu lernen
die mich die stille lesen
mein herz verstehen lässt

um zu hören
was der ewige sagt
bevor er mich ruft
und alles sich
zum guten fügt

weitblick

ich liege
auf einer bank
hoch über glänzendem wasser
die augen schweben weit hinaus
über fernes land

mir leuchtet himmelblau
der frische frühlingshimmel
mit kühlen winden im gepäck

glänzender sonnenschein
verzaubert unschuldige welten
in selige leichtigkeit

in den niederungen
der letzten tage lichten sich
ratlose tränen

über den dingen
weitet sich mein blick
tröstet die schönheit des anblicks
meine müden augen

solch herrlicher tag
wischt meine trauer
mir von den wangen

wie mutter es früher tat
die nun für immer auf
kreuzfahrt gegangen ist

gesundheit

ich lass mich nicht mehr treiben
springe über keine stöckchen mehr
keiner drückt mehr meine knöpfe

nie wieder werde ich
wie ein hb-männchen
in die luft gehen

niemand kann mir was
außer mich töten
außer mich einsperren
außer mich verwunden

ansonsten können
mich alle

ich bin ein freier mensch
mit eigener meinung
mit eigenem kompass
von erfahrung geeicht

ich folge meinem herzen
lasse mich nicht mehr
unter bluthochdruck setzen

alles andere ginge
auf meine gesundheit
auf meinen deckel
den allein ich am ende
zu bezahlen habe

lücke

nachtwachen
totenwache
alles loslassen

sich ganz einlassen
auf den kontrollverlust

verlieren
die fassung
den vertrauten menschen
die gliebte mutter
die liebende mutter

nicht mehr haben
als die erinnerung
nich weniger haben
als die erinnerung

und die dankbarkeit

und alles zulassen
sein lassen
vor allem die lücke
die sich nie mehr schließt

sie bleibt
das verbindungsstück
zwischen ihr und mir
unser wertvollster schatz
im traurigen herz

existenz

im leid
nicht allein sein

in der liebe
lebendig sein

in der hoffnung
mutig sein

das sind
die drei säulen

jeder religiös
rückgebundenen

sich selbst
vergessenden

existenz

resonanz

person
person sein
per sonare
durchklingen
resonanzkörper sein

für
das leben
das selbst
den leib
die seele
den geist

sich ganz
hingeben
um den himmel
auf erden
in sich
im nächsten
in der welt
im all

zum klingen
zu bringen

kontrollverlust

alles hat
seine zeit
wirklich
alles

deshalb
habe ich
über nichts
die kontrolle

deshalb
habe ich
über nichts
die macht

deshalb
gibt es
keine sicherheit

alles hat
seine zeit

nichts liegt
in meiner hand

alles hält
ein anderer
in seinen
tickenden händen

selbstvergessen

vergessen
sich selbst vergessen
sich selbst nicht
zu wichtig nehmen

alle sorgen fahren lassen
gelassen sich loslassen

selbst vergessen
schuld und schmerz
scham und scheitern

nicht fragen
wer hat angefangen
wer hat schuld
wer hat recht

all das gott überlassen
im kerker der angst
alle ketten loslassen

selbstvergessen aufbrechen
in die freiheit
ins offene
gemeinsam nach
lösungen suchen
die gefunden werden
die sich finden lassen
die niemand sich
selbst verdankt

tagelöhner

der gott der
seine sonne aufgehen lässt
über faule und fleißige

er segne dein tagwerk
und deinen tageslohn

er begleite
deinen weg zu arbeit
und deine rückkehr am feierabend

er sei dir gnädig besonders
wenn dein chef
unbarmherzig mit dir ist

gottes güte erstrahle
über die niederungen
deines alltages

am sonntag gewähre
der himmlische dir
die nötige ruhe und
seinen frieden

mögen frieden
und gerechtigkeit
sich küssen an jedem feiertag
und auf deiner arbeit

Über den Autor

Siegfried Eckert, geboren 1963, arbeitet als Gemeindepfarrer in Bonn. Er ist Autor zahlreicher Bücher und Predigtstudien. „herzgeborenes" ist nach „gott in den ohren liegen" und „neulich küsste ich gott" sein drittes Gebetbuch in der edition chrismon.

Verzeichnis der Gebete

erfinden 11

blinde flecken 12

perspektivwechsel 13

turmbausegen 14

fürsorge 15

erholungsbedürftig 16

verbeult 17

leerlauf 18

richtung 19

dankbarkeit 20

wahrhaben 21

wortweisung 22

anbetung 23

predigt 24

reisesegen 25

berührbarkeit 26

worms 27

apokalypse 28

heimholung 29

fügen 30

vergangenheit 31

wolleweich 32

eingeständnis 33

nach hause 34

auf achse 35

selbstbild 36

vereint 37

körpersegen 38

karneval 39

hochzeit   40

pfingstfest   41

aufbruch   42

nachbarschaft   43

heilige nacht   44

glückskirche   45

beunruhigt   46

aufrecht   47

richtige richtung   48

waisenkind   49

übergewicht   50

klimawandel   51

volljährig   52

sterbesegen   54

stallweihnacht   55

whirlpool   56

jeckensegen   57

wuttrauer   58

smartphone   59

unterm strich   60

warum   61

aktion mensch   62

schwachstellen   63

segne mich   64

schwarzweißmalerei   66

unwetterwarnung   67

enkelkinder   68

mauerfall   69

zurechtbiegen   70

todesstreifen 71

neunter november 72

verwandlung 73

verpasst 74

loslassen 75

sterbehilfe 76

morgenländer 77

wunderbar 78

krisen 79

lebenswüste 80

zeigen 81

kraft 82

haut 83

hafen 84

willensstark 85

herodes 86

du 87

geschehen 88

nähe 89

falscher zug 90

raus sein 91

tauschgeschäft 92

schwachstellen 93

vorsehung 94

notenschlüssel 95

bauchgefühl 96

unglaube 97

erkennen 98

müde 99

kindstod 100

entspannung 101

terminkalender 102

coronasegen 103

werfen 104

ringe anstecken 105

elternsegen 106

überzeugung 107

heiliger abend 108

entscheidung 109

begeisterung 110

verwandlung 112

körpersprache 113

zurückfinden 114

fügen 115

versöhnung 116

beschwernisse 117

trennung 118

totenaufgang 119

sinn 120

heimreise 122

weitblick 123

gesundheit 124

lücke 125

existenz 126

resonanz 127

kontrollverlust 128

selbstvergessen 129

tagelöhner 130

135